WINTERCROFT

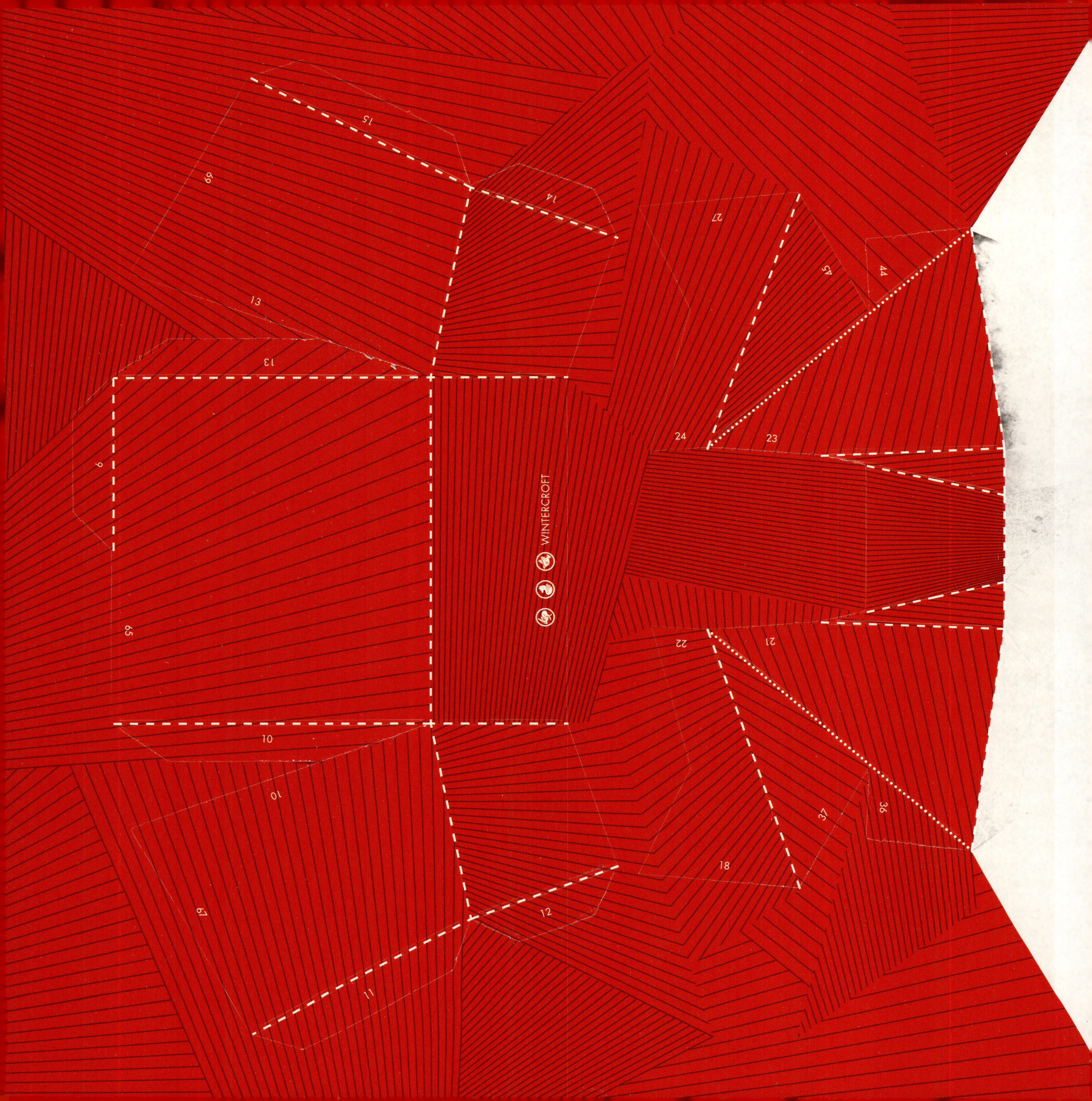
WINTERCROFT
15
69
14
27
45
44
13
13
9
24
23
65
22
21
10
10
37
36
18
12
67
11

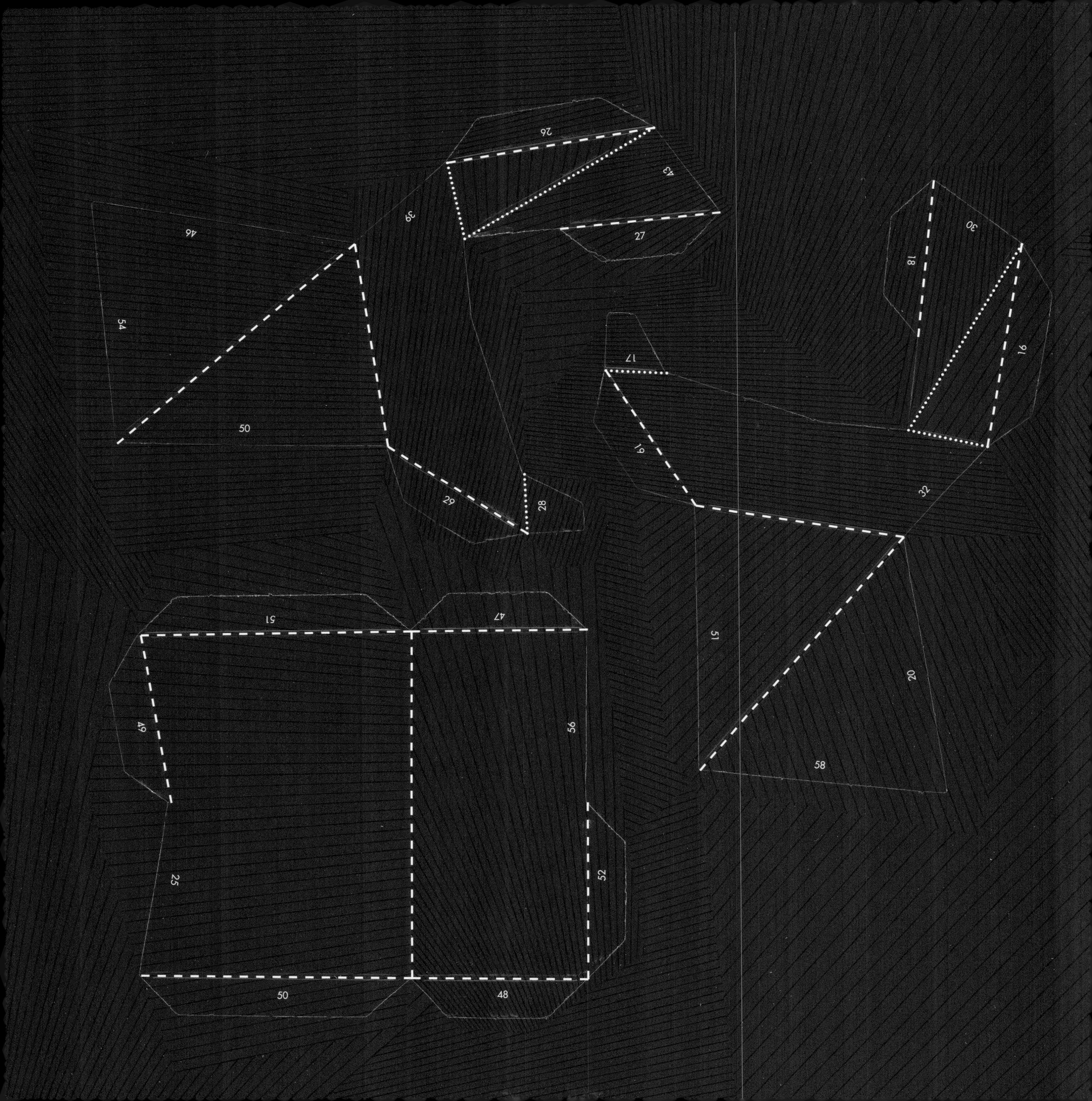
26
43
39
46
27
30
18
54
17
16
50
19
32
29
28
51
47
51
20
49
56
58
52
25
50
48

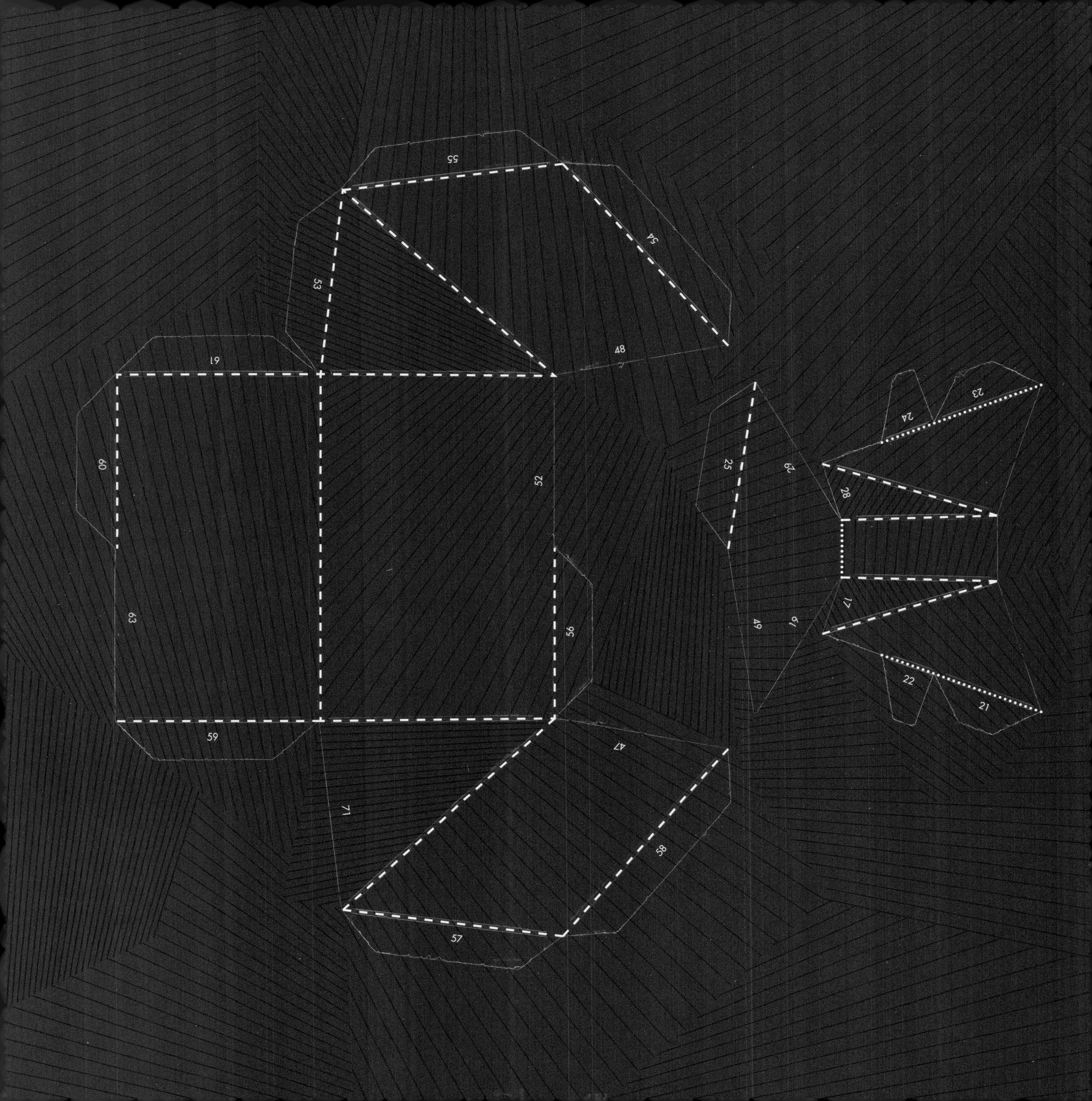
55
54
53
48
61
60
52
63
56
59
71
47
58
57
25
28
24
23
17
49
22
21

9
3
1
34
7
36
20
37
30
33
31
16
35
57
32
31
33
35
72
68
15
14

8
41
5
4
2
40
44
38
45
43
46
42
26
42
39
40
38
55
70
12
11
66

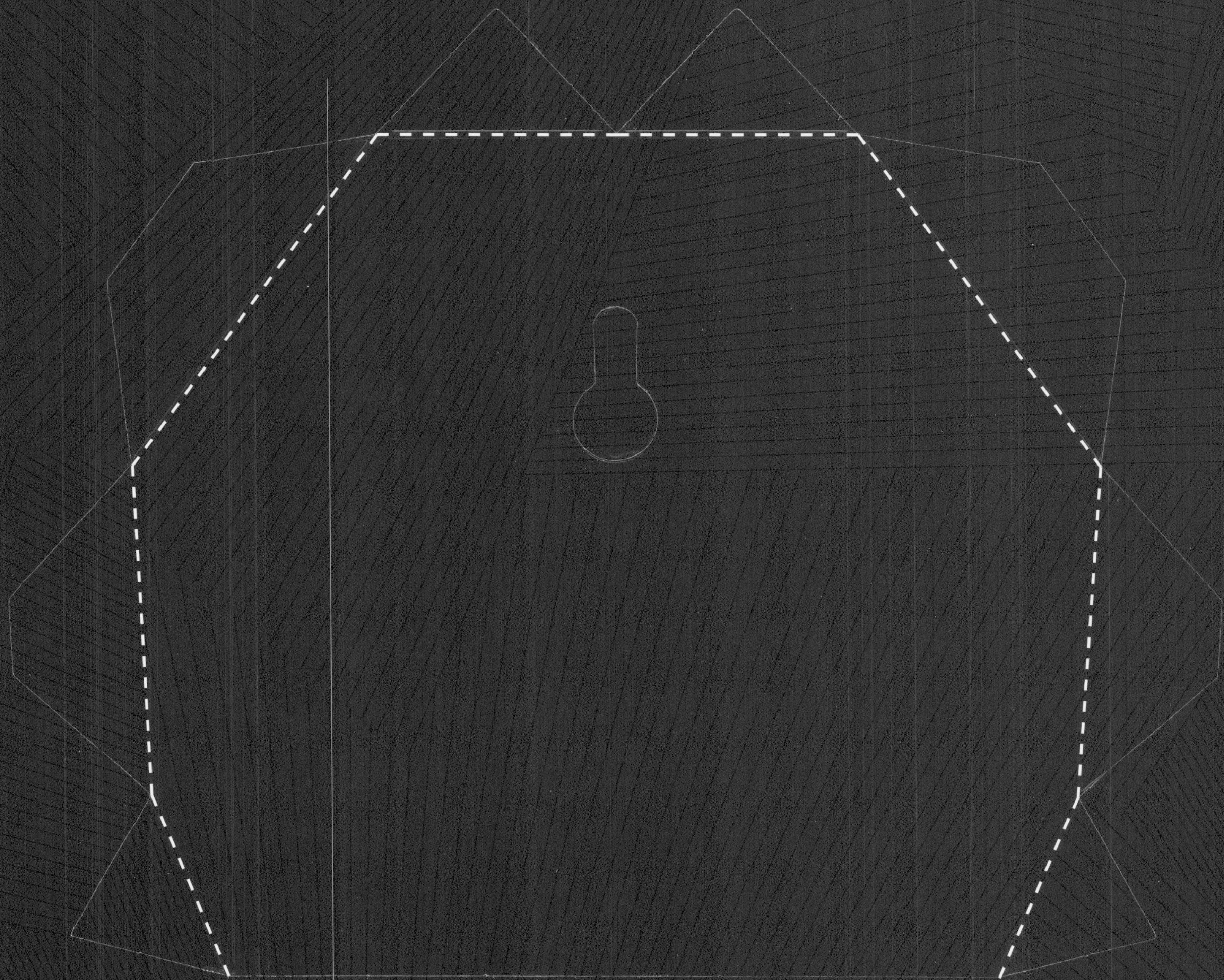

마스크:
더스컬 THE SKULL

디자인
윈터크로프트

01.
모든 일은 어떻게 시작되었나

약 2년 전 한 친구의 핼러윈 파티에 초대를 받은 뒤 의상 아이디어와 시간 부족으로 곤란을 겪던 나는 분리수거함을 뒤져 포장용 판지를 한 무더기 모았다. 그런 다음 박스 테이프와 가위, 넉넉한 양의 뜨거운 차를 준비하여 자리를 잡고 앉았다. 몇 번의 시행착오 끝에 약 한 시간 뒤 동물 가면을 완성했다. 모두가 이 가면을 좋아했으므로 나는 다시 디자인을 하여 누구나 이용할 수 있는 본을 만들기로 했다.
우리는 사람들이 아름다운 작품을 만들 수 있게 해주는 동시에 환경에 영향을 적게 미치는 제품을 디자인하는 윈터크로프트 디자인을 우리 집 주방에 설립했다. 첫 번째 가면을 디자인한 이후 우리 커뮤니티는 국내에서 해외로 뻗어나갔고 우리가 만든 가면은 전 세계의 연극 작품과 뮤직 비디오, 패션 사진, 축제에 사용되었다.
우리의 가면은 여행이나 모험을 위한 시작점을 제공한다. 아주 단순하게 보면 가면을 조립하여 얼굴에 쓰는 것에 불과하지만 가면에 개성을 입히는 과정을 통해 우리는 당신을 그 이상의 경험 속으로 이끈다. 이 책에서 우리는 당신만의 작품을 만들어내는 데 필요한 기본적인 도구를 제공하지만 그 이후부터는 당신의 몫이다. 얼굴을 가려주는 단순한 위장도구나 또 다른 정체성을 향한 출입구가 될 수도 있고, 환상 속 생명체의 모습으로 변신하는 장난스런 기회로 이용할 수도 있다. 모든 가면의 시작점은 같지만 가면을 꾸미는 방식과 쓰는 방식, 쓰는 이유는 각각 다르다. 개개인은 많은 사람 중 단 한 명뿐인 놀랍고 진귀한 존재다.
나는 만들기를 좋아하며 창조에 대한 욕구는 인간의 기본적인 요소라고 생각한다. 주변의 사물을 디자인하고 만들면 자신만의 환경 형성을 위한 통제가 가능해진다. 또한 특정한 대상을 만드는 과정을 통해 정서적인 가치가 창출되며 원재료는 단순한 가면 이상의 존재로 변신한다. 이 과정을 거치며 당신과 그 대상은 공통의 이야기를 갖게 되고 그것의 가치에 대한 시각은 변화하게 된다.
우리는 인간이지 기계가 아니기에 의도적이든 그렇지 않든 우리가 만드는 작품에 변형을 가하면 작품은 독특해지고 생명을 얻게 되며 고유의 특성이 생긴다. 이런 다양성은 우리의 창조적인 정신과 개성의 표현으로 기념해야 한다. 당신의 작품을 찍은 사진을 해시태그 #wintercroft와 함께 우리 커뮤니티에 공유하길 바란다.

스티브 윈터크로프트

더 스컬 THE SKULL

인류의 매우 강력한 상징 중 하나인 해골은 우리가 의식을 지닌 일시적인 존재로, 인간으로서 영원하지 않다는 의미를 포함한다. 불가피한 상황에 직면했을 때 내보이는 대담함과 저항을 상징하기도 한다. 우리의 시간은 한정되어 있지만 우리는 그 한계 안에서 가치를 추구한다. 이를 염두에 두고 삶을 기린다는 의미에서 해골을 디자인했다. 핼러윈 때 재미나고 기괴한 의상의 일부로 착용하거나 축제에서 친구들과 밤새 춤을 출 때 써보자. 이 해골 가면은 세상에 출시된 이후 스스로 길을 개척하여 파티와 뮤직 비디오, 패션 사진 촬영 현장에 모습을 드러냈다. 그렇다면 당신은 어떤 자리에서 이 가면을 착용할 것인가?

02.
전개도

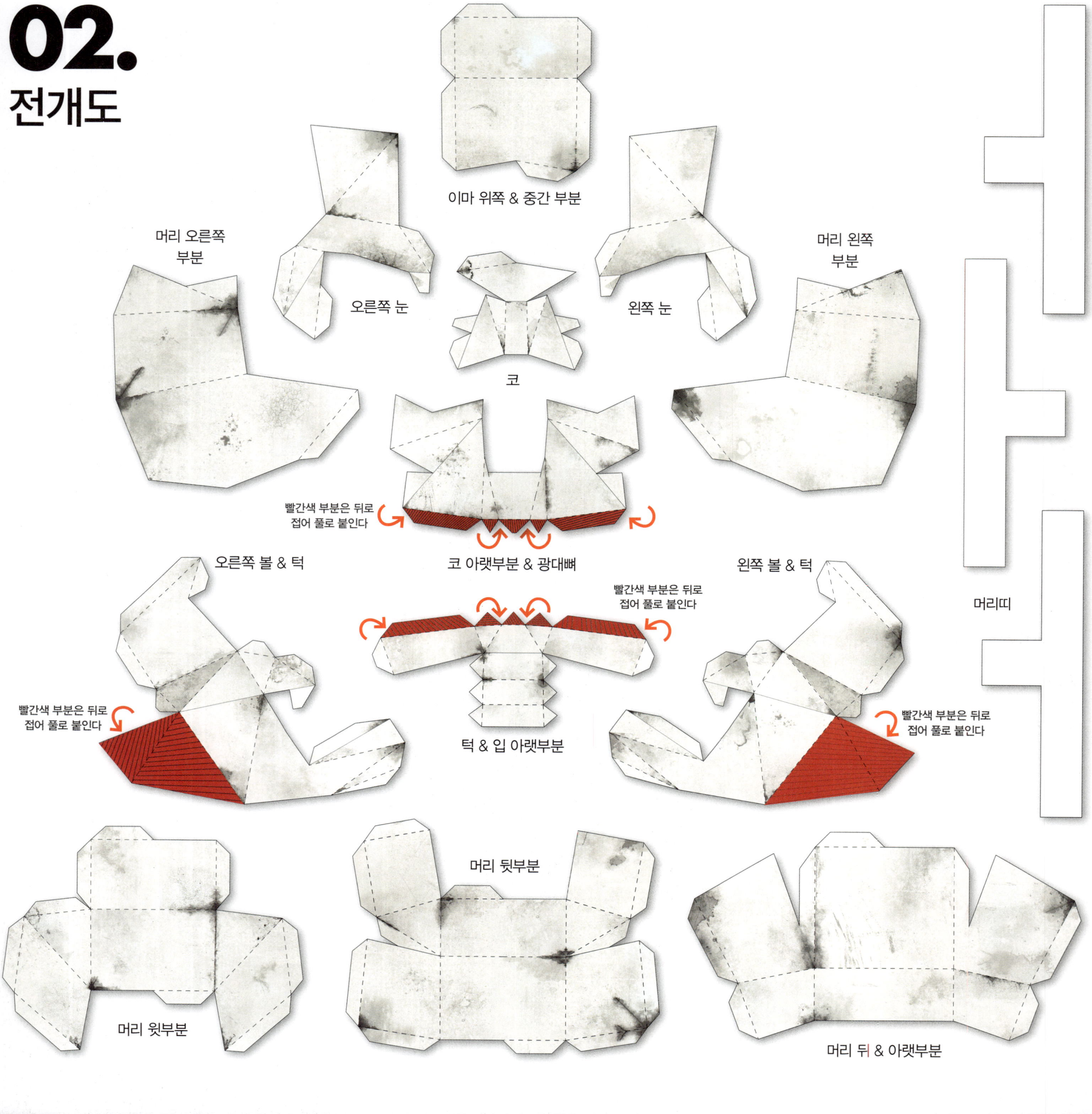

이마 위쪽 & 중간 부분
머리 오른쪽 부분
오른쪽 눈
코
왼쪽 눈
머리 왼쪽 부분
빨간색 부분은 뒤로 접어 풀로 붙인다
코 아랫부분 & 광대뼈
오른쪽 볼 & 턱
빨간색 부분은 뒤로 접어 풀로 붙인다
왼쪽 볼 & 턱
머리띠
빨간색 부분은 뒤로 접어 풀로 붙인다
턱 & 입 아랫부분
빨간색 부분은 뒤로 접어 풀로 붙인다
머리 뒷부분
머리 윗부분
머리 뒤 & 아랫부분

03.
조립

도구와 재료

풀이나 테이프: 강력한 종이용 풀이나 양면테이프로 가면을 고정하면 되는데, 이 둘은 사용하기에 가장 빠르고 깔끔하고 강력한 접착제다. PVA 접착제도 쓸 수 있지만 마르는 데 시간이 꽤 오래 걸린다. 액체 풀을 쓸 경우 지나치게 많이 바르면 가면이 뒤틀리므로 소량씩 사용한다. 용제형 접착제는 유독 가스가 발생할 수 있으므로 사용을 삼간다.

가면 조립하기

1. 모든 전개도 조각들을 펼쳐놓는다.
2. 준비 단계로 계곡 접기와 산 접기를 한다(오른쪽 참고). 모든 접는 선을 손가락 끝으로 꾹 눌러가며 깔끔하게 접는다. 접은 선이 깔끔할수록 완성된 가면이 더 멋져 보인다. (주의: 뒤쪽의 빨간색 면이 겉으로 나오도록 가면을 착용할 수도 있지만 그러려면 표시된 계곡 접기와 산 접기 선을 뒤바꾸어 접어야 한다.) 숫자가 없는 빨간색 날개 부분은 힘이 약한 가면의 주요 부분을 튼튼하게 만들려는 목적이므로 간단히 가면 안쪽으로 접어 넣어 풀로 붙인다(오른쪽 그림 참고).

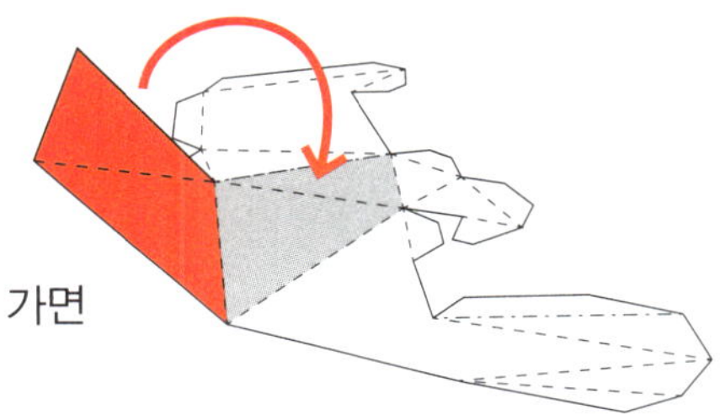

3. 오른쪽에 나열한 작업 순서에 따라 가장자리의 숫자가 일치하는 두 장의 전개도 조각을 찾는다. 예를 들어 14번 가장자리는 또 다른 14번 가장자리와 연결된다. (주의: 숫자들은 순차적으로 진행되지 않는다.)
4. 짝을 이루는 두 장 중 한쪽에는 풀칠을 위한 날개 부분이 있고 나머지 한쪽에는 이 부분이 없다. 풀칠을 한 부분은 언제나 가면 안쪽으로 들어간다. 풀을 바르거나 테이프를 붙이기 전에 각 부분이 서로 잘 맞는지 시험해보도록 한다. 모든 부분이 잘 맞으면 날개 부분 겉면에 풀을 칠하고 두 가장자리를 한데 포갠다. 움직이지 않을 만큼 풀이 마를 때까지 연결 부분을 눌러준다.

작업 순서

코에서 시작하여 코 아랫부분과 광대뼈로 이동한 다음, 눈, 볼, 턱, 이마, 머리 윗부분, 머리 양옆, 머리 뒷부분과 아랫부분 순서로 조립한다.

머리띠

가면을 조립했으면 머리띠를 만든다.

1. 띠 세 장을 길게 연결하는데 양 끝은 붙이지 않고 남겨둔다. 우리는 각 연결 부위를 50mm씩 포갰다. 그런 다음 밴드를 머리에 둘러 양 끝을 겹친다.
2. 밴드가 지나치게 조이지 않으면서 머리에 편안하게 맞도록 마지막 포갠 부분을 테이프나 풀로 붙인다.
3. 머리에서 밴드를 뺀 다음 밴드 앞쪽(튀어나온 날개 부분이 없는 쪽)을 가면 내부의 앞부분에 테이프로 고정한다. 붙이기 전에 가면이 원하는 형태로 머리에 자리 잡도록 밴드의 위치를 조정해야 할 수도 있다.
4. 수직으로 튀어나온 날개 부분 세 곳을 가면 안쪽에 테이프로 붙여 밴드를 고정한다.

계곡 접기와 산 접기

가면을 만들려면 두 가지의 간단한 종이접기 방식을 이용해야 한다.

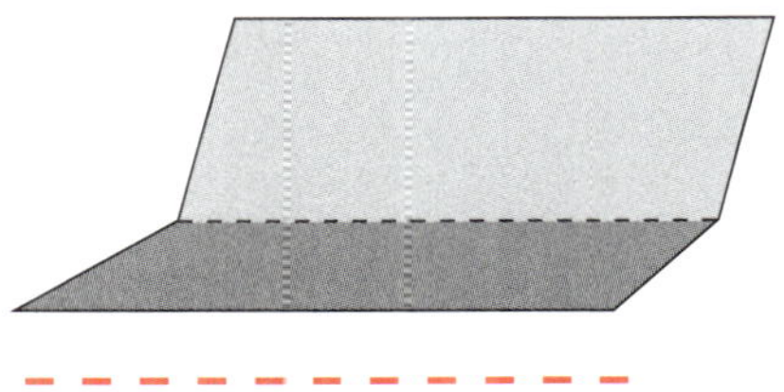

계곡 접기
긴 점선으로 표시했다.

산 접기
짧은 점선으로 표시했다.

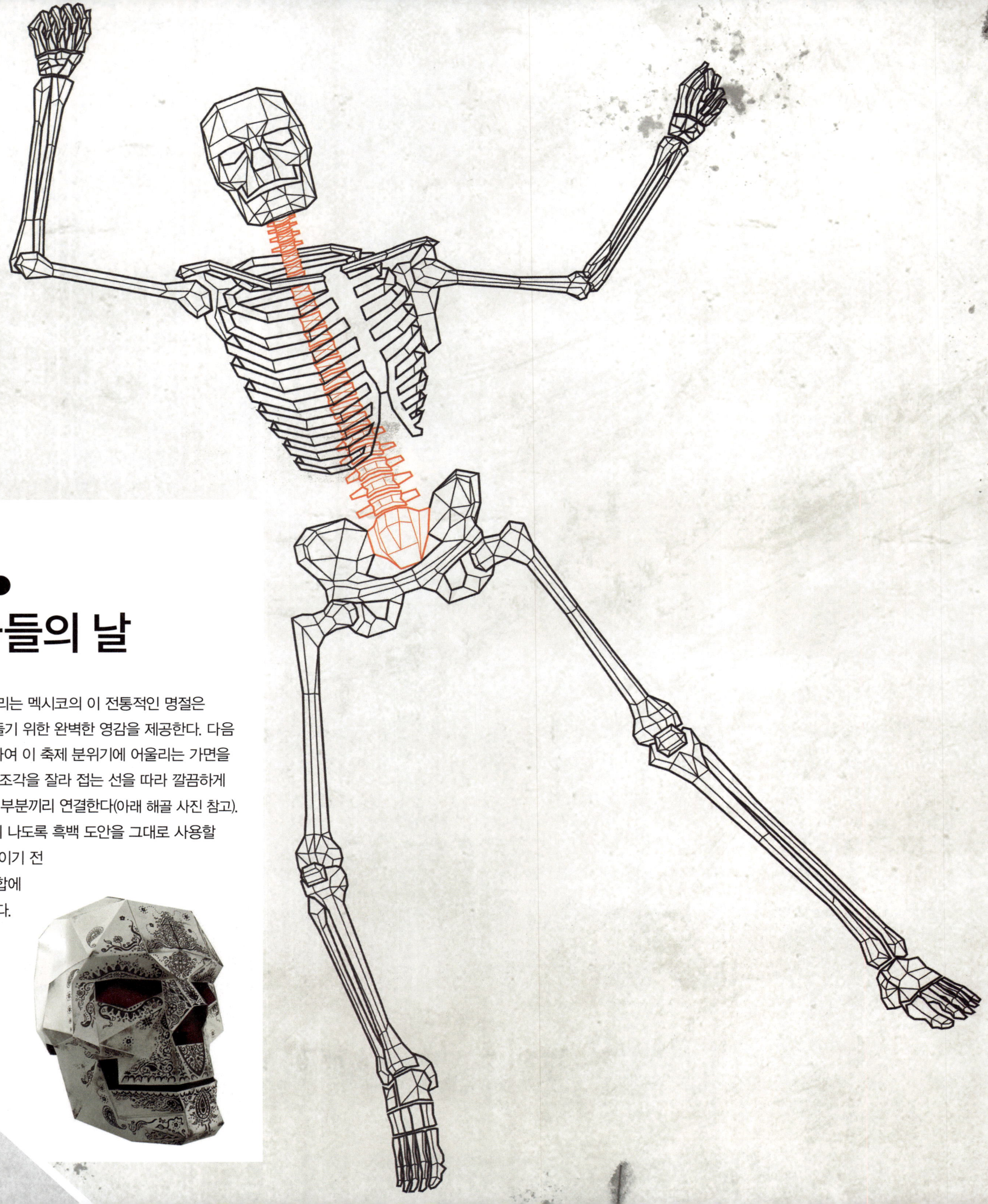

04.
죽은 자들의 날

죽은 자들의 삶을 기리는 멕시코의 이 전통적인 명절은 자신만의 해골을 만들기 위한 완벽한 영감을 제공한다. 다음 장의 전개도를 이용하여 이 축제 분위기에 어울리는 가면을 꾸며보자. 간단히 각 조각을 잘라 접는 선을 따라 깔끔하게 접은 뒤 짝을 이루는 부분끼리 연결한다(아래 해골 사진 참고). 강렬한 그래픽 느낌이 나도록 흑백 도안을 그대로 사용할 수도 있고, 잘라서 붙이기 전 직접 선택한 색상 조합에 따라 색을 칠해도 좋다.

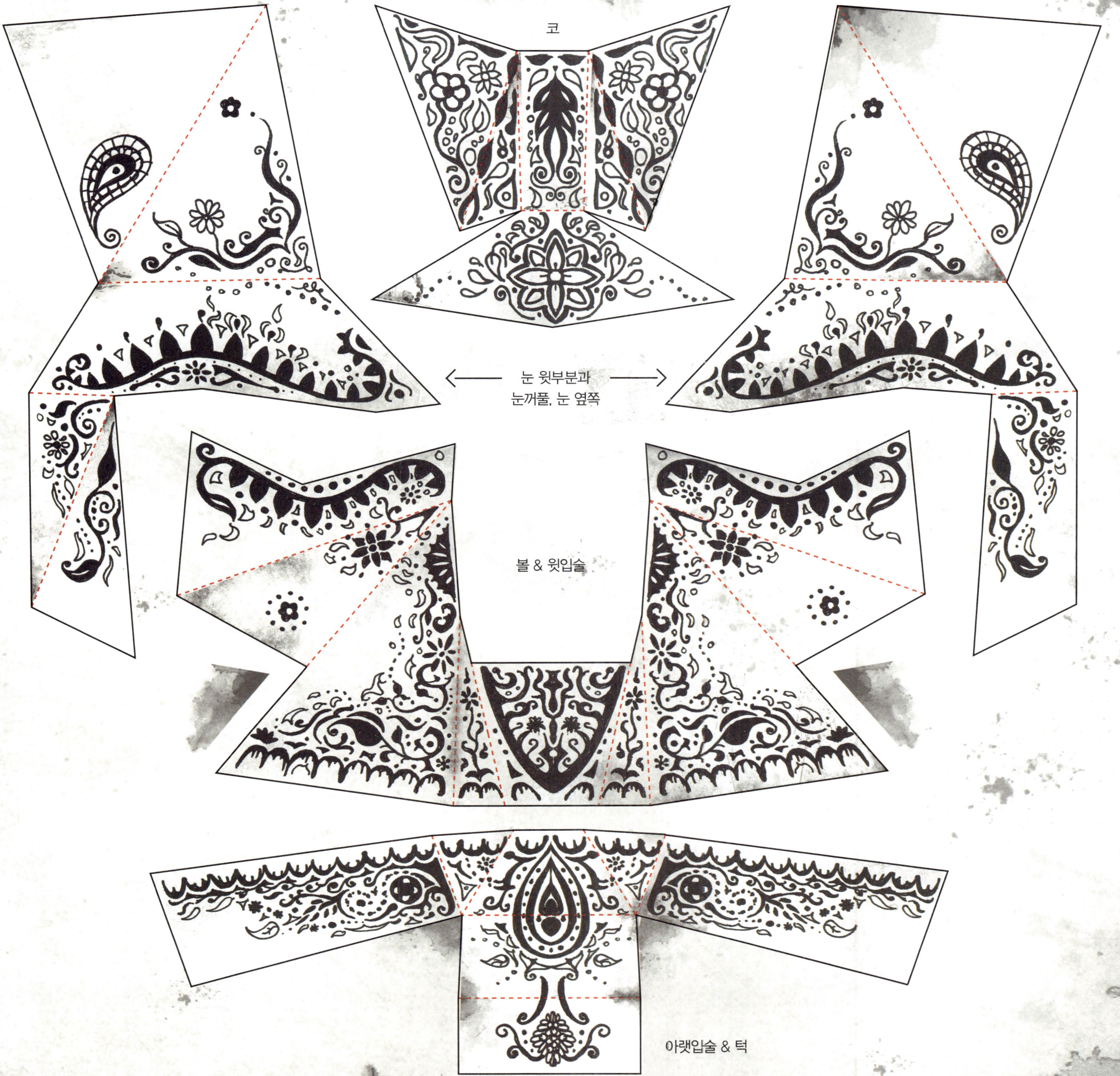
코
눈 윗부분과
눈꺼풀, 눈 옆쪽
볼 & 윗입술
아랫입술 & 턱

숨을 들이마시고, 내쉬고
앞으로 나아가고, 뒤로 물러나고
살아가고, 죽어간다.
서로를 향해 날린 화살은
중간에서 만나
목적 없는 비행의 공허함을 가른다

그래서 나는 왔던 곳으로 되돌아간다.

게슈 소코(1618~1696)

이마 중앙
얼굴 옆쪽 &
턱과 입술 아래쪽이
만나는 부분

05.
벽걸이로 만들기

가면을 변형하여 독특한 벽걸이를 만들어보자. 원래의 작품을 재사용하여 집을 꾸밀 수 있는 멋진 방법이다. 아래의 커팅 가이드를 이용하여 작업하면 쉽다. 가이드를 잘라 접는 선을 따라 깔끔하게 접은 다음 가면 뒤쪽에 댄다. 소량의 풀이나 접착테이프로 고정한 뒤 커팅 가이드의 테두리를 따라 자른다. 책 앞쪽에 있는 벽걸이용 전개도(아래쪽 참고)의 날개 부분에 풀을 칠하여 해골 머리 뒷부분에 고정한다.

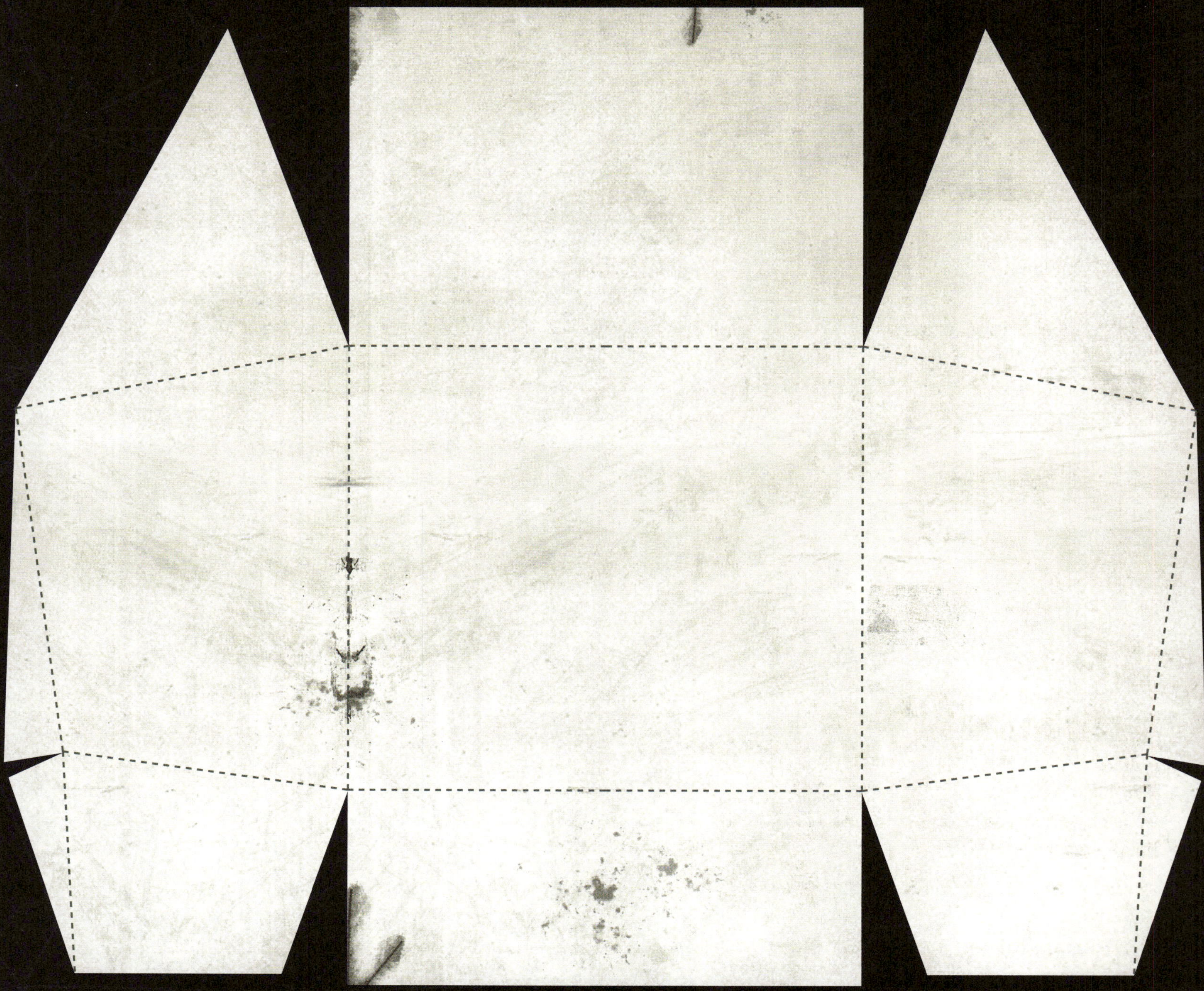

내가 죽음을 위해 멈출 수 없어
친절하게도 죽음이 나를 위해 멈추었다
그 마차에는 우리 자신은 물론
불멸도 실렸다.

에밀리 디킨슨(1830~1886)

06.

가면에 담은 정신

1. 지속성

가면을 만드는 방식에 관한 당신의 선택은 지구 환경에 영향을 미친다. 과거에 나는 항상 플라스틱, 금속, 나무, 세라믹 등의 영구적인 소재로 작업을 했다. 내가 만든 작품 다수는 내 바람처럼 제 기능을 하는 사물의 형태로 나보다 오래 살아남겠지만 불행하게도 일부는 쓰레기 매립지에서 삶을 마감할 것이다. 나는 이 점을 고려하여 수명이 짧으면서도 재생이나 재활용이 가능한 소재로 만드는 가면을 디자인한다. 더 이상 필요치 않으면 가면을 분해하여 그 재료로 다른 새로운 것을 만들 수 있다.

2. 절약

책 속에 전개도를 함께 제공하여 사람들이 가면을 스스로 만들 수 있게 함으로써 제조와 운송에 드는 에너지를 절약할 수 있다.

3. 재료와 생산

우리는 모든 생산 단계에서 환경에 미치는 영향과 낭비를 최소화하여 환경에 대해 매우 높은 기준을 세우고 있는 동시에 수상 경력도 있는 업체를 선택했다. 이 책을 만드는 데 사용한 종이는 환경적으로 책임감을 지닌 공급업체가 만든 제품이다.

4. 재사용

가면을 다 쓰고 나면 벽에 걸어 전시할 수 있도록 벽걸이 키트를 함께 실었다.

5. 재활용

당신의 가면이 특정 대상과 여러 차례 마주쳤다면 분해된 후 새로운 생명을 얻을 수 있도록 간단히 종이 분리수거함에 버리면 된다.

CREDITS & ACKNOWLEDGEMENTS

The publishers would like to thank the following sources for their kind permission to reproduce the pictures in this book.

Key: c = Centre, b = Bottom l = Left.

Page 1 Karl Adamson/© Carlton Books Ltd; 2–3 Karl Adamson/© Carlton Books Ltd; 4 © Carlton Books Ltd; 5 Karl Adamson/© Carlton Books Ltd; 6c Steve Wintercroft; 6bl Karl Adamson/© Carlton Books Ltd; 7–12 © Carlton Books Ltd; 13 Karl Adamson/© Carlton Books Ltd; 14–15 Karl Adamson/© Carlton Books Ltd; 16 Steve Wintercroft.

Every effort has been made to acknowledge correctly and contact the source and/or copyright holder of each picture and Carlton Books Limited apologises for any unintentional errors or omissions, which will be, corrected in future editions of this book.

Wintercroft Masks Skull by Steve Wintercroft

마스크 : 더 스컬

1판 1쇄 발행 | 2016년 3월 31일

지은이 스티브 윈터크로프트
옮긴이 정수진
펴낸이 김기옥

실용본부장 박재성
편집 류인경, 이나리
영업 김선주
커뮤니케이션 플래너 허신애

펴낸곳 한스미디어(한즈미디어(주))
주소 121-839 서울시 마포구 양화로 11길 13(서교동, 강원빌딩 5층)
전화 02-707-0337 | 팩스 02-707-0198
홈페이지 www.hansmedia.com
출판신고번호 제 313-2003-227호 | 신고일자 2003년 6월 25일

ISBN 978-89-5975-934-7 74630

책값은 뒤표지에 있습니다.
잘못 만들어진 책은 구입하신 서점에서 교환해 드립니다.

Creative Director: Clare Baggaley
Executive Editor: Julia Shone
Designers: Georgios Mardas, Lisa Layton & Rebecca Wright
Photographer: Karl Adamson
Models: Helen, James, Lisa, Julia and Jo